Inhalt

Die Marketingausgaben müssen hinsichtlich ihrer Höhe aber auch ihrer Wirkung deutlich genauer hinterfragt werden

Kernthesen

Beitrag

Fallbeispiele

Weiterführende Literatur

Impressum

Die Marketingausgaben müssen hinsichtlich ihrer Höhe aber auch ihrer Wirkung deutlich genauer hinterfragt werden

M. Westphal

Kernthesen

- Berater unterstützen Unternehmen zunehmend bei der Optimierung ihrer Marketingausgaben.
- Bisher wird der Einkauf von Marketingleistungen wenig bis gar nicht von kaufmännischen Gesichtspunkten

gesteuert.
- Als Kriterium der Performancemessung von Marketingleistungen würde sich die Entwicklung des Markenwertes eignen.

Beitrag

Berater unterstützen Unternehmen zunehmend bei der Optimierung ihrer Marketingausgaben

In den Unternehmen herrscht wachsender Kostendruck und es werden daher sämtliche Möglichkeiten ausgeschöpft, die Kostenposition zu verbessern. Viele Werbekunden sind außerdem durch Gerüchte über unlauteres Agenturgebahren verunsichert. So wird über unseriöse Abrechnungsmethoden oder auch Kickbacks (also Rückzahlungen) gemunkelt.
Dank verführerischer Optimierungsversprechen boomt das Consulting-Business. So versprechen sogenannte Media-Auditoren (also auf das Media-Business spezialisierte Controller), 30 Prozent mehr aus dem Media-Etat zu holen. (2)

Aber nicht nur Media-Auditoren machen den Agenturen und der Medienbranche das Leben schwer, auch klassische Unternehmensberater wie A.T. Kearney, Boston Consulting, Roland Berger oder auch Kerkhoff Consulting proben den Schritt in das Terrain der Pitch-Beratung. (2)
Immer häufiger sehen sich daher Marketingkommunikations-Agenturen in Pitch-Präsentationen nicht nur ihren potenziellen Kunden, sondern auch seinen Beratern gegenüber. Allerdings ändert sich damit auch häufig der Ablauf der Präsentationstermine. Inhaltliche, qualitative Diskussionen finden kaum noch statt. Bereits vor der Präsentation werden detaillierte Rabatt- und Konditionenangebote eingefordert und die Pitches werden häufig nur oder zumindest im Wesentlichen auf Basis dieser Zahlen entschieden. (2)

Häufig werden von den Consultants zwar mit spitzer Feder korrekt die Zahlen addiert, allerdings werden die Finessen des Media-Business nicht hinreichend beherrscht und damit berücksichtigt. Es wird gesprochen von kritischer Überprüfung der aktuellen Einkaufstätigkeit oder von Prozessoptimierung im Einkauf. Als Schraube im Media-Metier wird häufig nur der GRP (Gross Rating Point = Bruttoreichweite) gesehen. (2)
Von Agenturleuten wird berichtet, dass Consultants häufig ins Schwitzen geraten, wenn in der Diskussion

Fachbegriffe wie Netto-Reichweite oder Kontaktklassen-Optimierung genannt werden. (2)

Das Media-Business lädt zum Erbsenzählen geradezu ein. Auch die Consultants verpflichten sich der oft kritisierten quantitativen Tradition der Auditoren und vergleichen nur Rabatte, Reichweiten und Marktanteile. Es fällt eben deutlich leichter, TKP-Durchschnitte (Tausend-Kontakte-Preis) zu vergleichen, als strategische Empfehlungen zu bewerten. (2)
Aber die Media-Branche kritisiert nicht nur die Consultants, sondern verzweifelt auch an einigen Media-Auditoren, die mit teilweise fragwürdigen Rechenexempeln aufwarten. Die TV-Sender zählen zum Beispiel Konditionenpools, wie von der Agentur Media Audits angeboten, zu den biblischen Plagen des Media-Geschäfts. Diese Methode gilt als zweifelhaft, allerdings wird damit der Druck auf die Rabatte erhöht und die Qualität der Mediabetreuung leidet. Die strategische Planung wird unter den Tisch fallen, sobald die Leistung der Agenturen nur noch nach TKP`s beurteilt wird.
Auch Media Audits scheint aus der Kritik gelernt zu haben und bietet nun auch qualitative Controlling-Kriterien wie Zielgruppen-Affinitäten (anteil einer Zielgruppe an der Gesamtnutzerschaft eines Mediums) im Vergleich zum Marktdurchschnitt (Benchmark) an. Aber die Aussagefähigkeit dieser

Kennziffer wird stark bezweifelt. Aber auch das System Target Mark, welches die Düsseldorfer Beratungsfirma Etat Control zur Kostenoptimierung anbietet, basiert auf einem Benchmark-System, das aber auf einer derart verwirrenden Methode beruhe, dass es wohl kein Kunde erklären könnte. Selbst wirtschaftliche Kampagnen können nach Messung durch diese Methode plötzlich unwirtschaftlich aussehen. (2)

Zwar werden von Kunden-, Agentur- und Medienseite der Rabattpoker, das Konditionengeschacher und die TKP-Scheuklappen, die auf Kosten der Planungsqualität gehen, verurteilt, trotzdem dreht jeder kräftig an diesem Rad mit. Media-Entscheidungen werden nahezu nur noch unter quantitativen Aspekten getroffen. (2)

Auch auf Seiten der Agenturen finden Prozesse statt, die die Kosten senken sollen. So strukturiert sich die Traditionsagentur JWT um und schließt seine Finanz- und Controllingabteilung in Frankfurt. Die Arbeit dieser Abteilung wird von einer im österreichischen Wien angesiedelten Finanzservice-Gesellschaft übernommen. (1)

Aber trotz allem handelt inzwischen nahezu der gesamte Markt nach der Devise Einkauf dominiert die Planung anstelle nicht billig, sondern wirksam. (2)

Bisher wird der Einkauf von Marketingleistungen wenig bis gar nicht von kaufmännischen Gesichtspunkten gesteuert

Insbesondere im deutschsprachigen Raum ist im internationalen Vergleich die gemeinsame Beschaffung durch Einkauf und Marketingabteilung nicht die Regel. Im angloamerikanischen Raum hingegen ist dieses Thema bereits auf Vorstandsebene gehoben worden. (3)
Die Vorurteile der Kreativen bzgl. der Wertschöpfung des Einkaufs bei der Beschaffung von Kreativleistungen sind hoch. Das Verständnis am Geschäft der Kreativen wird angezweifelt, da der Einkauf eben bestenfalls an Preisreduzierungen interessiert ist und sich daher wesentlich besser zur Beschaffung von Bleistiften und Büroklammern eignet.
Daher sind trotz massiven Kostendrucks die Marketingausgaben als großer externer Kostenblock einkäuferisch oft unberührt und mit typischer Budgetmentalität behaftet. (3)
Aber die Beschaffung von Marketingleistungen und ihren ganzen Marketing-Subkategorien setzt

aufgrund ihrer strategischen Bedeutung und hohen Komplexität spezifische Kenntnisse sowie fachliche Expertise voraus und wird daher bis heute traditionell von Marketingexperten, Produktmanagern und anderen professionellen Mitgliedern aus der Fachabteilung beschafft. Die Kreativen bleiben bei der Beurteilung von Marketingleistungen am liebsten unter sich. Dadurch bleiben aber massive Potenziale zur Wertsteigerung und Kostensenkung ungenutzt. Rein kommerzielle Aspekte kommen dabei oft noch zu kurz.
Werbebudgets können durch die Zusammenarbeit von Einkauf und Marketing mehr Wert erhalten. (3) Zu berücksichtigen sind bei der Beschaffung von Marketingleistungen insbesondere ein robuster Beschaffungsplan mit einem Fokus auf Wertsteigerung und Kostensenkung sowie oder beziehungsweise Kosten- und Vertragsmanagement. (3)
Bisher werden die Punkte
- Objektive Marktübersicht möglicher Anbieter,
- Kostenaufschlüsselung der zu erbringenden Leistung,
- Messung von Erfolgsfaktoren
- Erfolgsbasierte Honorierung
- Solide Vertragsgestaltung
entweder stark vernachlässigt oder gar nicht beachtet. (3)

Eine Initiative zur besseren Beschaffung von Marketingleistungen kann nur erfolgreich sein, wenn im Unternehmen, egal ob Großkonzern oder Mittelstand, klare Spielregeln und Grundvoraussetzungen geschaffen werden und dieses mit einem klaren Commitment von Seiten des Senior Managements. (3)

Als Kriterium der Performancemessung von Marketingleistungen würde sich die Entwicklung des Markenwertes eignen

Marken gehören insbesondere für Konsumgüterhersteller zu den wichtigsten Erfolgsdeterminanten, so dass bei diesen die Bedeutung einer adäquaten Markenbewertung zunimmt. (5)

Aber auch rechtliche Regeln, die aus den neuen Rechnungslegungsstandards des IFRS resultieren führen bei Unternehmen zu Überlegungen, die Honorierung der Agenturen an den Erfolg der Kommunikation zu koppeln und zwar an die

Wertentwicklung des Markenportfolios. Börsennotierte Konzerne müssen zugekaufte Marken künftig einzeln und jedes Jahr neu bewerten. Auch die übrigen Unternehmen werden sich voraussichtlich dem Druck des Kapitalmarktes beugen und die Markenwerte inklusive der selbst geschaffenen offen legen. So bietet sich für die Unternehmen an, die Entwicklung der Markenwerte zur Messung der Agenturleistung heranzuziehen. Ein Problem stellt sicherlich noch die Durchsetzung einheitlicher und neutraler Methoden zur Bewertung von Marken dar. Um derartige Standards zu schaffen, kooperieren immer mehr Kommunikationsagenturen mit Wirtschaftsprüfern und schaffen sich damit auch die Basis für neues Beratungsgeschäft. (4)

Auch im Zuge von Basel II haben Kreditinstitute ein gesteigertes Interesse an ergänzenden Formen der Kreditsicherheiten. Dazu könnten auch Marken dienen. (5)

Ein einheitliches Verfahren für alle Zwecke ist kaum vorstellbar, da die unterschiedlichen Bewertungszwecke sehr verschiedene Bewertungskonzepte erfordern. Die interne Marketing-Steuerung präferiert eher kundenpsychologische Verfahren, wohingegen sich die externe Berichterstattung eher an finanzorientierten ausrichtet. (5)

Interessant ist sicher weniger die Tatsache, die Marke einmalig bilanztechnisch zu bewerten als vielmehr das kontinuierliche Controlling, um die Entwicklung der Markenwerte zu überprüfen. Bisher wurden Firmenwerte in der Sammelgröße Goodwill erfasst und planmäßig abgeschrieben. Künftig hingegen werden die Werte der Marken in jeder Abschlussbilanz transparent ausgewiesen und gegebenenfalls in der Bilanz auch gemindert. So ist es künftig für den Kapitalmarkt aber eben auch das Management möglich, den Wert und Erfolg von Akquisitionen anhand der Wertentwicklung der Marken leicht zu verfolgen. Ebenso kann dieses Wissen auch für das Marketing, Controlling oder auch Lizenzmanagement genutzt werden. (5)

Das wesentliche Problem aber ist noch das Wirrwarr an rund 30 Verfahren, welche es für das Fusionieren von bilanziellen und marketinggetriebenen Markenwertermittlungen gibt. So wollen sich Agenturen, Unternehmensberatungen, Marktforscher und Wirtschaftsprüfer profilieren. Die Folge ist, dass es bisher kein geeignetes standardisiertes Verfahren gibt, welches alle Anforderungen an die Markenbewertung erfasst. (5)

Fallbeispiele

Bei einem Pharmakonzern wurde europaweit der Einkauf von Kreativleistungen bei Werbe- und anderen klassischen Kommunikationsagenturen untersucht. Diese machten 15 Prozent des gesamten Werbe- und Promotionsbudgets aus. In den Bestellunterlagen fanden sich über 100 Agenturen in acht Ländern, die von mehr als 20 Standorten aus verwendet wurden. So entstand eine Intransparenz, die eine Kosten- und Qualitätskontrolle kaum möglich machte und damit zu einem Hauptproblem dieser dezentralen Konstellation wurde. Außerdem gab es keine akzeptierte Methode, um Agenturen zu selektieren. Punkte wie strategisches Lieferantenmanagement, kontinuierliche Verbesserungsprogramme oder gezielte Erfolgsmessung waren nicht implementiert.
Als Strategie wurde eine europäische Agentur gewählt, die 80 Prozent aller anfallenden Kreativleistungen übernahm. Zusätzlich gibt es jetzt je Land eine lokale Agentur, die sowohl sprachliche als auch kulturelle Besonderheiten sowie auch zeitlich herausfordernde Aufgaben übernimmt. Die Wertsteigerungen und Kostensenkungen, die hieraus resultierten, betrugen im ersten Jahr sieben Prozent, im zweiten Jahr 15 Prozent und im dritten Jahr noch einmal acht Prozent. (3)

Die Firma Henkel hat bereits Steuerungskonzepte implementiert, die die zukunftsgerichtete Überprüfung der Werthaltigkeit ihrer Marken erlauben. (4)

Das Deutsche Institut für Normung (DIN) will gemeinsam mit dem Markenverband eine DIN-Norm mit Grundanforderungen an Methoden der monetären Markenwertmessung aufstellen. (5)

Weiterführende Literatur

(1) JWT Controlling streicht Controller
aus Der Kontakter Nr. 08 vom 21.02.2005 Seite 014

(2) Die große Stunde der Erbsenzähler
aus werben & verkaufen Nr. 07 vom 17.02.2005 Seite 038

(3) Der Einkauf klopft an die Tür des Marketing
Besuch für die Kreativen
aus BA Beschaffung aktuell, Heft 12, 2004, S. 33

(4) Markenbewertung pusht erfolgsabhängige Honorare
aus HORIZONT 06 vom 10.02.2005 Seite 001

(5) Markenwerte rechnen sich
aus HORIZONT 06 vom 10.02.2005 Seite 017

(6) » Der Margendruck hält an « Intelligentes Sparen bleibt für alle Unternehmen eine Daueraufgabe, sagt Roland-Berger-Chef Burkhard Schwenker im impulse-Interview.
aus Impulse vom 01.02.2005, Seite 22

Impressum

Die Marketingausgaben müssen hinsichtlich ihrer Höhe aber auch ihrer Wirkung deutlich genauer hinterfragt werden

Bibliografische Information der deutschen Nationalbibliothek

Die Deutsche Nationalbibliothek verzeichnet diese Publikation in der deutschen Nationalbibliografie; detaillierte bibliografische Daten sind im Internet über http://dnb.d-nb.de abrufbar.

ISBN: 978-3-7379-0019-5

© 2015 GBI-Genios Deutsche Wirtschaftsdatenbank GmbH, Freischützstraße 96, 81927 München, www.genios.de

Alle Rechte vorbehalten. Dieses Werk ist einschließlich aller seiner Teile – z.B. Texte, Tabellen und Grafiken - urheberrechtlich geschützt. Jede Verwertung außerhalb der Grenzen des Urheberrechtsgesetzes bedarf der vorherigen Zustimmung des Verlags. Dies gilt insbesondere auch für auszugsweise Nachdrucke, fotomechanische Vervielfältigungen (Fotokopie/Mikroskopie), Übersetzungen, Auswertungen durch Datenbanken oder ähnliche Einrichtungen und die Einspeicherung und Verarbeitung in elektronischen Systemen.